Le guide Minecraft de l'explorateur

Stéphane Pilet

Les Livres du Dragon d'Or

Le guide Minecraft de l'explorateur

Textes écrits par Stéphane Pilet (aka Stef Leflou)
Corrections et relectures : Aurore Pinet et Sandra Monroy
Mise en page : Stéphane Pilet

Les Livres du Dragon d'or, un département d'Édi8
12 avenue d'Italie 75013 Paris – France

ISBN : 978-2-8212-0428-7
Dépôt légal : mars 2015
Imprimé en Italie
Graphisme : Stéphane Pilet

Loi N° 49-956 du 16 juillet 1949 sur les publications destinées à la jeunesse, modifiée par la loi N°2011-525 du 17 mai 2011.

Introduction

Enfin ! Vous avez mis le pied sur le premier bloc dans l'univers de **Minecraft** ! Vous avez déjà sûrement vu plein de vidéos amusantes sur comment récupérer du bois, piéger les méchants creepers qui font "psssht", tondre un mouton ou créer des pièges délirants à base de pistons. Seulement, entre la théorie et la pratique, il y a parfois un gouffre, gros comme après une explosion de TNT ! C'est pourquoi ce petit guide devrait vous être super utile. Ici est compilée **une tonne d'informations**, glanées à travers tous les univers existants, éprouvées, vérifiées. Vous

trouverez ici le **b.a.-ba pour bien comprendre** comment votre univers préféré s'est créé. Et vous pourrez fièrement explorer vos terres seul ou en groupe d'amis, sans craindre de vous perdre ou d'errer dans les forêts de champignons remplies de sorcières qui ne demandent qu'à vous faire les poches ! Ici, vous n'apprendrez pas seulement à vous battre avec des bouts de bois : vous découvrirez également les bases pour construire un abri malin, explorer les sous-sols, vous équiper convenablement, utiliser les ressources pour cartographier votre espace, et même pourquoi pas l'afficher fièrement au-dessus de votre cheminée en cube d'obsidienne.

Un monde de blocs

L'univers de Minecraft est immense et regorge de surprises. Voici un tour d'horizon pour comprendre comment est conçu l'environnement dans lequel vous allez vous installer.

Avant de vous lancer dans la construction d'une maison ou l'exploration d'une mine, il est utile de comprendre comment est conçu l'univers de **Minecraft**. C'est un monde gigantesque, qui fait environ 8 fois la taille de la Terre (rien que ça). Contrairement à une planète (ronde), le monde de Minecraft est un **cube géant** (un peu comme on imaginait la Terre il y a bien longtemps, un monde "plat" avec des bords desquels il valait mieux ne pas trop s'approcher), composé de millions de petits cubes qui représentent la terre, le sable, la roche, l'eau, etc. N'imaginez donc pas faire le tour de votre monde, vous n'en verrez probablement jamais le bout.

Le niveau d'altitude le plus bas existant dans Minecraft est 1. C'est à ce niveau

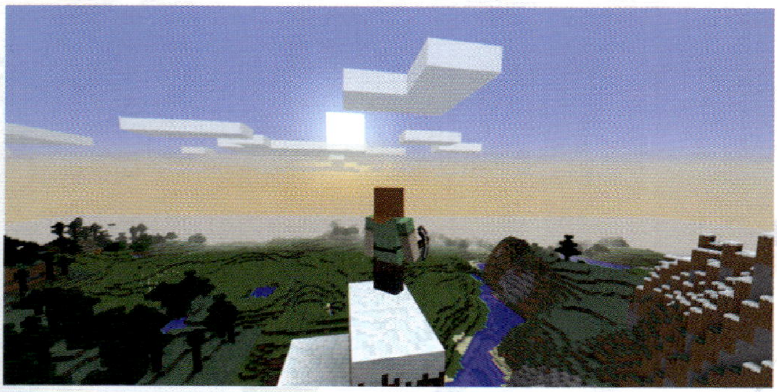

Les terres lointaines

L'univers de Minecraft est plat, cela signifie que l'on devrait pouvoir en atteindre les bords. Kurt, un "Minecrafter" américain, a décidé de marcher tout droit jusqu'à atteindre les fameuses Terres Lointaines. Il a commencé son périple le 28 mars 2011. Aujourd'hui, Kurt continue de marcher. Selon des estimations, il lui faudrait encore une vingtaine d'années pour rejoindre sa destination. Les Terres Lointaines symbolisent le bord de l'univers de Minecraft. Vous pouvez suivre les aventures de Kurt sur sa chaîne YouTube "Far lands or Bust !"

de profondeur qu'on trouve la roche appelée adminium ou bedrock. En mode survie, il s'agit d'un bloc incassable qui vous interdit d'aller plus profond. Il est donc impossible de "tomber" de l'univers de Minecraft. Certains explorateurs ont paraît-il réussi à trouver des failles, mais ils ne sont jamais remontés pour en parler.

Le niveau d'altitude le plus élevé qu'un habitant de Minecraft puisse explorer est **le niveau 255** (en appuyant sur F3, vous pouvez afficher des informations, dont les coordonnées X, Y, et Z symbolisent votre position dans le monde - Y étant la hauteur). Il est impossible de poser un bloc au-dessus de ce niveau. Et croyez-moi, si vous tombez de cette hauteur, vous allez vous faire très mal !

Chapitre 1

Entre ces deux niveaux d'altitude, vous allez trouver toutes sortes de **ressources** qui vont vous permettre de créer des tonnes d'objets. Les ressources les plus précieuses et recherchées sont les **minerais** (fer, or, diamant, émeraude). Ces derniers se trouvent généralement dans les couches d'altitude autour du niveau 10. C'est pourquoi il va falloir apprendre à creuser !

L'univers de Minecraft est composé de jungles, de forêts, de déserts, de montagnes, d'océans. Ces différents environnements sont appelés **biomes** et sont composés de blocs différents (pierre, argile, sable, terre, etc.). Ainsi, on ne trouve pas de neige dans le désert

Sous la bedrock, la plage

De nombreux explorateurs tentent toujours de repousser les limites. Certains d'entre eux ont réussi à trouver des moyens d'aller plus bas que le niveau 1. Vuzok est l'un d'entre eux. À l'aide de potions et d'ingéniosité, il est parvenu à atteindre le niveau -3000. Un autre explorateur, MCRainer, a testé un moyen de faire exploser le Bedrock. Vous pouvez tenter l'expérience, mais sachez que sous la bedrock, il n'y a... rien du tout ! Retrouvez les expériences de Vuzok et MCRainer sur leurs chaînes Youtube (Vuzok Plays Minecraft – recherchez le titre "Is the Void really empty ?" - et MCRainerHD)

et il n'y pleut jamais (c'est logique, non ?). La première fois que vous apparaissez dans votre monde, vous allez vous retrouver dans un biome particulier. À vous de l'explorer pour ramener des ressources qui ne se trouvent pas naturellement dans votre environnement proche, ou de partir vous installer dans le biome qui vous plaît le plus.

Pour finir ce (tout petit) tour d'horizon, il est important de parler également de la présence de villages (peuplés d'étranges habitants au gros nez), de donjons, de mines abandonnées, de temples engloutis, de forteresses et bien sûr, du Nether et de l'Ender, les univers parallèles !

Chapitre 1

Le **village** est un lieu où il vous est possible d'échanger des ressources contre des **émeraudes** (la monnaie locale de Minecraft). Ces ressources dépendent du métier du villageois avec lequel vous interagissez. Selon la taille des villages, vous pourrez rencontrer des villageois fermiers, libraires, prêtres, forgerons ou bouchers. Ces derniers cultivent leurs terres et se comportent de manière pacifique avec vous. Ils se promènent la journée, rentrent dans leurs demeures la nuit ou lorsqu'il pleut. Les villages subissent des **attaques de monstres** la nuit. Il est de votre devoir, si vous découvrez un village, d'en protéger les villageois (enfin, vous faites comme vous voulez en même temps). Vous verrez plus loin dans ce livre toutes les spécificités des villages.

Les **donjons** et les **mines abandonnées** se trouvent en sous-sol. Il faut donc creuser pour les trouver. Dans ces lieux, vous trouverez des coffres qui contiennent parfois des objets que vous ne pourrez fabriquer vous-même (comme les selles ou les armures pour chevaux). Regardez l'état des pierres : si elles sont couvertes de mousse, c'est que vous n'êtes pas loin d'un donjon !

Temples & pyramides

Dans les biomes jungle et désert, vous pourrez découvrir des temples et des pyramides. Ces constructions sont plus simples à trouver que les donjons, parce qu'elles sont en surface. Vous y trouverez des diamants, minerais, livres enchantés et d'autres surprises. Sachez que dans les pyramides, de la TNT protège les coffres (il faut prendre garde à ne pas déclencher les explosifs) et dans les temples, des pièges à base de flèches devront être désactivés.

Le **temple englouti,** ou monument sous-marin, est comme son nom l'indique… sous l'eau ! Il faut, pour l'explorer, être équipé en conséquence. Non pas avec une tenue d'homme-grenouille, mais plutôt avec des **potions** permettant de respirer sous l'eau. C'est dans ces temples que vous pourrez affronter le

gardien, un poisson très agressif, et récupérer des éponges, des cristaux de prismarin et bien d'autres choses.

Le **Nether** est le monde parallèle de Minecraft. C'est dans ce lieu que vous pourrez récupérer de nouvelles ressources, mais aussi affronter de nouveaux monstres (cochon-zombie, ghast, wither, squelette, cube du magma). On y accède en créant un portail du Nether. Ce monde parallèle est 8 fois plus petit que celui de Minecraft. Lorsque vous avancez de 8 blocs dans le Nether, cela équivaut à marcher 64 blocs dans le monde de Minecraft. Les explorateurs aguerris se servent du Nether pour voyager plus loin et plus vite dans “le monde du dessus”.

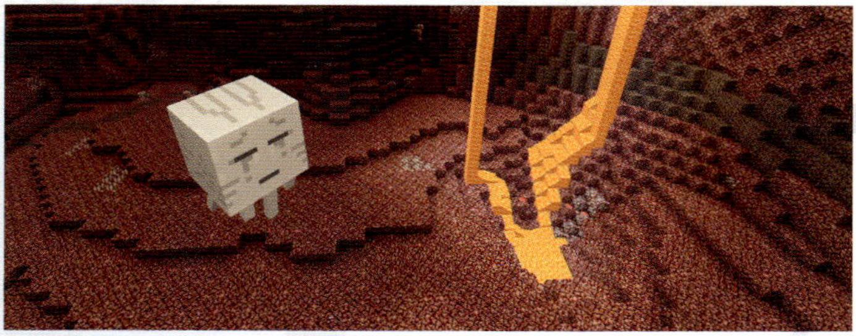

L'**Ender**, à l'instar du Nether, est un monde parallèle. Contrairement au Nether, une fois entré dans l'Ender, vous ne pourrez en sortir et revenir dans votre univers qu'une fois l'**Enderdragon** tué ! Pour atteindre l'Ender, il faut utiliser un portail. Ce dernier ne se construit pas, il se trouve dans les **forteresses**, qui sont parfois de gigantesques labyrinthes, enfouis sous la terre (un peu comme les donjons). La légende dit qu'on ne trouve que 3 forteresses par monde de Minecraft !

Les minerais

Essentiels pour développer des **outils**, des **armes** ou des **pièces d'armures**, la récupération de minerais est une des activités principales dans Minecraft. Vous verrez rapidement que les plus recherchés (diamants et lapis-lazuli) sont aussi les plus rares.

Type de Minerais	Altitude	Type de pioche
Charbon	5 à 52	bois ou +
Fer	5 à 54	pierre, fer ou diamant
Or	5 à 29	fer ou diamant
Redstone	5 à 15	fer ou diamant
Diamant	5 à 11	fer ou diamant
Lapis-lazuli	13 à 16	pierre, fer ou diamant
Émeraude	5 à 29	fer ou fiamant

L'enchantement "Fortune" permet d'augmenter le nombre de minerais obtenus (Fortune Niveau III augmente de 120% les ressources).

La redstone

La redstone est un minerai particulier. **La poudre de redstone** est une sorte de conducteur électrique. Cette poudre se pose au sol et fonctionne un peu comme un câble électrique. Plusieurs types d'objets permettent d'alimenter ou de réduire le courant redstone afin d'activer des mécanismes (ouverture de portes à distance, changement d'aiguillages de rails, activer des pistons, fermes automatisées, etc.). Ce livre ne traite pas des multiples possibilités qu'offre ce minerai. Elles sont tellement nombreuses et dépendent tellement de l'ingéniosité de chaque joueur qu'il faudrait un livre complet pour en parler. Mais sachez qu'il est possible d'automatiser de nombreuses tâches avec la poudre de redstone.

Les bricoleurs

Vous trouverez sur YouTube de très nombreuses chaînes parlant des mécanismes redstone et de pièges conçus à l'aide de la poudre de redstone. Pour vous initier, vous pouvez déjà regarder deux vidéos du YouTuber Arno00. Ses vidéos sur le sujet (Redstone Tutorial V2) sont assez anciennes, mais elles expliquent clairement les bases à comprendre pour tester ensuite vous-même les premiers mécanismes.

Chapitre 2

Allez, on s'installe !

Vous avez enfin trouvé votre premier endroit pour construire votre abri et donner vos premiers coups de pioches. Voici quelques conseils qui vous serviront à rendre votre maison à la fois sûre et efficace, à récupérer vos ressources, et à vous équiper pour explorer votre nouveau monde.

Une journée complète de Minecraft dure vingt minutes. Le jour dure dix minutes, le crépuscule et l'aurore une minute et demi (et la nuit sept minutes). Cela signifie que vous avez une dizaine de minutes par jour pour évoluer dans votre monde sans craindre d'être attaqué par les monstres (zombies, squelettes, etc.). La première chose à faire est donc de récupérer des matériaux afin de créer un premier abri temporaire. Quelques morceaux de bois sont nécessaires pour créer un établi ainsi que vos premiers outils (pioche, épée). **Choisir un lieu** pour s'installer n'est pas forcément simple dans un premier temps. Choisissez plutôt un endroit qui vous plaît, avec une belle vue et un horizon en partie dégagé (voir venir l'ennemi de loin

Point de spawn

En anglais, “spawn” signifie “engendrer”. Dans Minecraft, ce terme est utilisé pour désigner la zone d’apparition de votre personnage. Cette zone peut changer dès lors que vous construisez un lit et que vous dormez une nuit dedans. Certains explorateurs portent toujours leur lit dans l’inventaire afin de changer leur point de spawn pendant leurs voyages (en cas de problèmes, vous aurez moins de trajet à faire pour retrouver votre inventaire).

est toujours important). Concernant les ressources, quel que soit l’endroit où vous apparaissez, vous devriez toujours facilement trouver du bois, de la pierre et du sable : trois matériaux de base pour créer les outils et un premier abri. Dernier petit conseil, il est judicieux de choisir un lieu à proximité de poules, de vaches ou de cochons, histoire de pouvoir se nourrir.

Une fois votre abri construit, vous allez pouvoir vous concentrer sur la partie primordiale de Minecraft : le **minage** ! Il existe de nombreuses méthodes pour récupérer les minerais. Nous

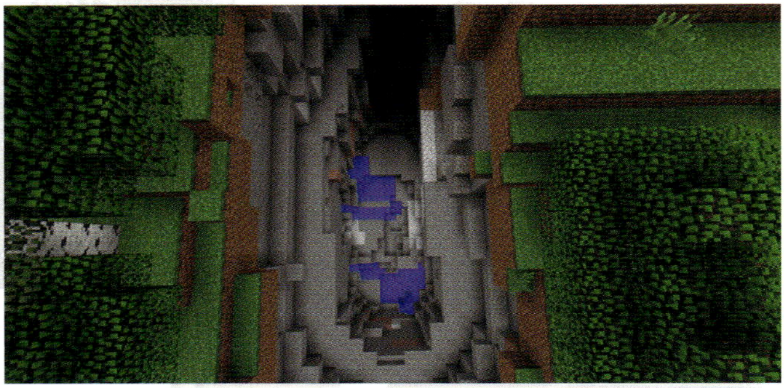

allons en passer quelques-unes en revue (il faudrait un livre entier pour... creuser le sujet). La plupart des ressources se concentrent en veines, souvent regroupées en 4 blocs (or, diamant, redstone, émeraude). Ces veines se trouvent plus souvent autour des couches 10 du sous-sol de Minecraft. C'est pourquoi il faut creuser profondément, puis organiser une série de galeries pour augmenter vos chances de récupérer du minerai.

L'expérience

En mode survie, différentes actions permettent de gagner des points d'expérience (tuer des monstres, récupérer certains types de minerais). L'expérience sert par la suite de monnaie d'échange pour enchanter vos outils, armures ou armes. Attention tout de même car, en cas de mauvaise chute ou de défaite face à un monstre, vous perdrez tous vos points d'expérience (ainsi que votre inventaire). Il faut retrouver l'endroit où vous êtes mort pour récupérer une partie de cette expérience et vos objets (et si possible en moins de 5 minutes, car après, les objets restés au sol disparaissent).

Les visiteurs

Les créatures apparaissent la nuit, ou lorsque la luminosité est en dessous d'un certain seuil. Évitez de vous installer en forêt : vous pourriez y rencontrer des squelettes en pleine journée. Ces derniers, capables de vous tirer dessus à distance, sont parfois redoutables lors des premières confrontations. De même, sécurisez une zone autour de votre maison, en installant des torches pour éloigner l'apparition des monstres.

La méthode "ligne droite" consiste simplement à creuser devant soi en descendant d'une couche à chaque marche. Creusez ainsi jusqu'à atteindre la couche 10, qui est celle où vous aurez le plus de probabilités de tomber sur des minerais types diamant, or et émeraude. Une fois cette couche atteinte, vous pouvez commencer à creuser vos galeries.

La méthode "spirale" permet de creuser en restant sous votre abri. Il suffit de creuser comme en ligne droite, mais en changeant de direction tous les 3 blocs. Là encore, descendez jusqu'à la couche 10 avant de commencer vos galeries.

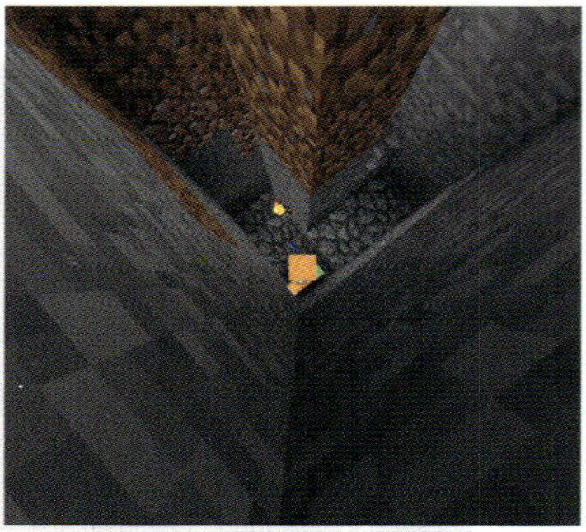

La méthode "TNT" nécessite un peu plus de matériel (notamment un briquet pour allumer la mèche). Elle est assez peu utilisée mais peut être amusante tout de même. Un bloc de TNT explose l'équivalent de 3x3x3 blocs. Le seul avantage de cette méthode est qu'elle permet de dégager les zones plus rapidement qu'à la pioche. Mais une fois encore, elle est gourmande en ressources. À essayer au moins une fois... pour le fun !

Pendant vos séances de minage, il est probable que vous **découvriez** des grottes naturelles, plus ou moins profondes, des mines

Voyage voyage !

Si vous voyez que l'endroit où vous minez n'est pas très intéressant en ressources, n'hésitez pas à plier bagage durant la journée afin de vous installer ailleurs. L'univers de Minecraft est immense, alors ne vous focalisez pas sur un lieu en particulier.

Certains joueurs aiment bien se placer au carrefour de plusieurs biomes afin de pouvoir récupérer plusieurs matériaux de constructions différents (roches, argile de couleur, etc.).

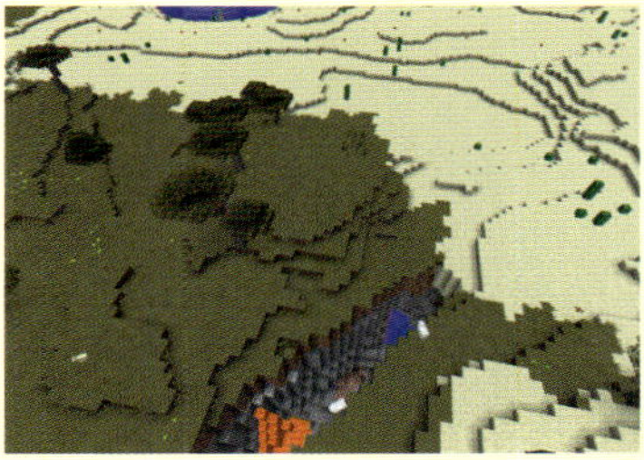

abandonnées (ce serait l'occasion de récupérer des rails de chemin de fer, des wagonnets et des coffres) et, si vous avez de la chance, des salles de donjons ou pourquoi pas une forteresse ! Prenez garde à ne pas creuser directement au-dessus d'une mare de lave ou d'eau.

N'oubliez pas non plus de vous **équiper** en conséquence, les séances de minage sont gourmandes en pioches de bois et de fer. Vous

pourriez également tomber sur des créatures hostiles. N'hésitez pas à mettre plusieurs épées dans votre besace ! Et méfiez-vous des creepers, car en combat sous-terrain, il faut pouvoir s'éloigner suffisamment d'eux pour ne pas finir éparpillé façon puzzle...

Dans les premiers temps, pensez à remonter régu-

Chauffe Marcel

Le four est un accessoire simple à réaliser et utile pour fondre les minerais et en obtenir des lingots, mais également pour cuire vos aliments. Un aliment cuit remonte votre barre de faim bien plus rapidement qu'un aliment cru. Le charbon est le combustible le plus couramment utilisé mais si vous en manquez, vous pouvez alimenter le four avec du bois ou tout autre objet en bois (pioche, épée, pelle, etc...). La combustion est plus rapide, mais cela peut dépanner. À terme, vous pourrez également utiliser de la lave.

Un accès en puits

Lorsque vous avez trouvé un sous-sol qui vous semble intéressant à explorer, vous pouvez créer un accès en puits. Pour cela, construisez une longue échelle que vous placerez sur la paroi de votre puits pour descendre. Par la suite, vous pouvez également placer de l'eau (un bloc ou deux) tout en bas de votre puits. Ainsi, en cas de faux mouvement, votre chute sera amortie (un faux pas arrive si vite !).

lièrement dans votre abri afin de **créer les premiers outils** en fer, un (ou plusieurs) four(s), et une bonne quantité de torches afin de voir où vous creusez. Il est important d'améliorer vos outils dès les premiers filons de minerais découverts : cela vous permettra d'aller plus vite dans l'exploration de votre mine.

Premières recettes

Voici quelques recettes de base, utiles pour vos premiers pas d'explorateurs.

Objet	Matériaux	Positionnement
Planches	bois	
Établi	4 planches	
Bâton	2 planches	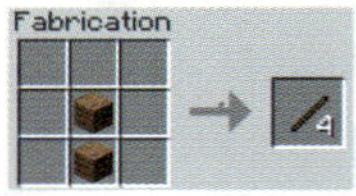
Pioche	2 bâtons + 3 (bois, pierre, fer, or, diamant)	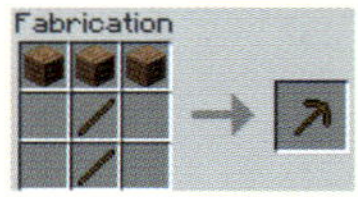
Pelle	2 bâtons + 1 (bois, pierre, fer, or, diamant)	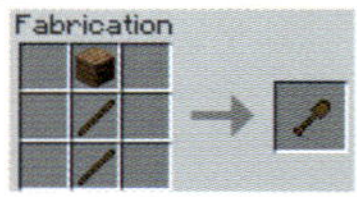
Hache	2 bâtons + 3 (bois, pierre, fer, or, diamant)	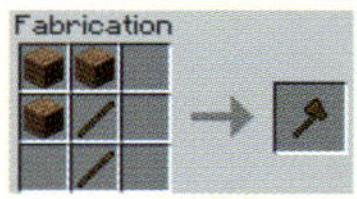
Épée	1 bâton + 2 (bois, pierre, fer, or, diamant)	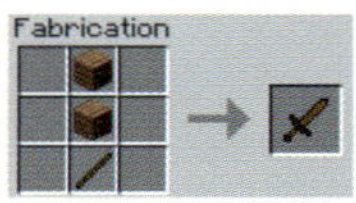
Torche	1 bâton + 1 charbon	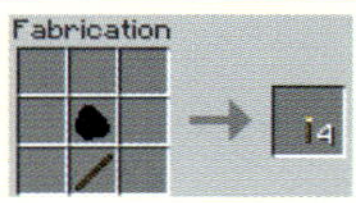

Échelle	7 bâtons	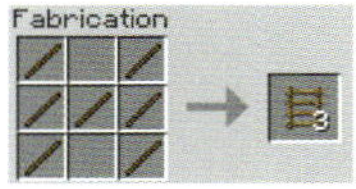
TNT	4 sables + 5 poudre à canon	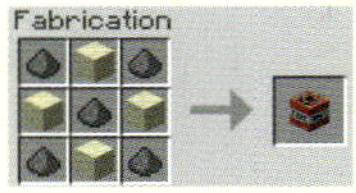
Lit	3 laines + 3 planches	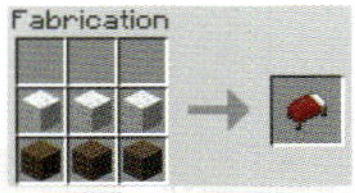
Vitre	four + sable + charbon	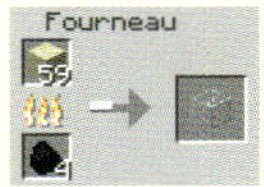
Four	8 pierres	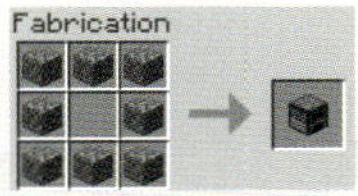
Coffre	8 planches	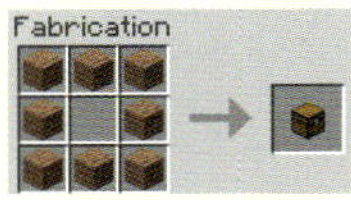
Canne à pêche	3 bâtons + 2 ficelles	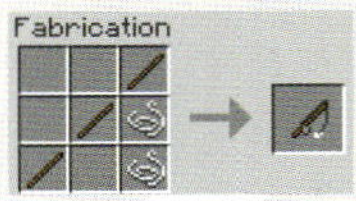

Chapitre 3

Partir à l'aventure !

Votre premier abri vous a permis de vous équiper correctement pour aller à l'aventure et explorer votre première mine. Il est temps de voyager un peu, pour chercher de nouveaux matériaux, découvrir de nouveaux horizons et pourquoi pas accueillir des animaux près de chez vous.

S'il est vrai que la plupart des ressources dont vous aurez besoin pour évoluer dans Minecraft se situent dans les sous-sols, il est important de régulièrement revenir à la surface. La première raison à cela est **la nourriture**. Difficile de trouver des cochons, des poules ou des champignons dans les mines. Et la viande de zombie n'est pas ce qu'on peut qualifier de très "nutritive". Tout comme le cycle jour-nuit, la faim est un élément récurrent. La barre qui représente votre appétit baisse en fonction de vos actions (marche, course, nage, combat, minage) et remonte lorsque vous consommez un aliment. Si l'aliment est cuit ou cru, les effets ne seront pas les mêmes sur l'organisme de votre personnage. Il est même possible de s'intoxiquer en consommant un aliment cru

La satiété

Cette notion, invisible, détermine à quel moment votre personnage va commencer à perdre des points de sa barre de faim. Lorsque vous mangez un aliment, vous gagnez un ou plusieurs points de faim et également des points de satiété. Lorsque ces derniers sont à zéro, votre barre de faim commence à descendre. Retenez juste qu'il est préférable de consommer un aliment cuit pour éviter à votre barre de faim de descendre trop rapidement. Comme pour la barre de faim, le niveau maximum de satiété est de 20.

(dans ce cas, votre barre de faim baisse plus rapidement). Pour **cuire un aliment**, il suffit d'utiliser un four, un combustible et un aliment cru (excepté la viande de zombie qui ne se cuisine pas !). Cette barre de faim a une action directe sur vos points de vie. Lorsque votre barre de faim est à son maximum, vous regagnez des points de vie. Vous en perdrez si la barre de faim est à zéro (attention, en mode difficile, vous pouvez mourir de faim). Vous l'avez compris, pour trouver ces aliments, vous allez devoir **partir à la chasse** et récupérer de quoi cuisiner pour vos longues séances de minages souterraines.

Aliments et effets

Aliment	Faim	Satiété	Effet
Porc cru	+2	+1,8	aucun
Bœuf cru	+2	+1,8	aucun
Lapin cru	+2	+1,8	aucun
Poulet cru	+1	+1,2	30 % de chances d'intoxication
Mouton cru	+1	+1,2	aucun
Chair putréfiée	+2	+0,8	80 % de chances d'intoxication
Saumon cru	+1	+0,4	aucun
Poisson cru	+1	+0,4	aucun
Poisson-clown	+1	+0,2	aucun
Poisson-globe	+1	+0,2	poison IV + faim III + nausée II

Aliment	Faim	Satiété	Effet
Pomme de terre	+1	+0,6	aucun
Porc cuit	+4	+12,8	aucun
Steak	+4	+12,8	aucun
Ragoût de lapin	+5	+12	aucun
Poulet rôti	+3	+7,2	aucun
Mouton cuit	+3	+9,6	aucun
Saumon cuit	+3	+9,6	aucun
Poisson cuit	+3	+6	aucun
Soupe champignons	+3	+7,2	aucun
Pomme de terre cuite	+3	+7,2	aucun
Pain	+3	+6	aucun

Aliment	Faim	Satiété	Effet
Œil d'araignée	+1	+3,2	poison pendant 4 secondes
Tranche de pastèque	+1	+1,2	aucun
Pomme rouge	+2	+2,4	aucun
Pomme dorée	+2	+9,6	régénération II, absorption
Pomme enchantée	+2	+9,6	régénération V, résistance au feu, résistance, absorption
Carotte	+2	+4,8	aucun
Carotte dorée	+3	+14,4	aucun
Cookie	+1	+0,4	aucun
Tarte à la citrouille	+4	+4,8	aucun
Gâteau	+6	+2,4	aucun

Si vous vous sentez plus l'âme d'un pêcheur, qu'à cela ne tienne. Les plans d'eau recèlent de poissons et de surprises. **La pêche** nécessite plus de patience (jusqu'à 40 secondes avant que la prise soit faite) mais vous permet de récupérer également des objets ou des trésors. Un simple clic droit vers un plan d'eau vous permet de lancer la ligne. Une petite animation et un son (plouf !) vous indiquent que vous pouvez ramener votre prise directement dans vos poches (clic droit). Deux enchantements existent afin de réduire le temps de prise et d'augmenter vos chances d'attraper des trésors. La canne à pêche surmontée d'une carotte peut être transformée en outil de contrôle sur les cochons. Vous pourrez les attirer à vous et même les chevaucher si vous possédez une selle.

La pêche au gros

Vous pouvez utiliser votre canne à pêche pour hameçonner des animaux et les attirer à vous. Cette méthode peut être utile pour ramener un animal près de votre abri si vous envisagez de faire de l'élevage. Vous pouvez également vous servir de cette méthode pour les faire tomber à vos pieds et vous servir en viande. Une méthode pour les petits fainéants, quoi !

Les prises de pêche

Trésor	Déchets	Poisson
Arc	Canne à pêche	Poisson cru
Canne à pêche	Bottes en cuir	Saumon cru
Étiquette	Cuir	Poisson-globe
Livre enchanté	Os	Poisson-clown
Nénuphar	Fiole d'eau	
Selle	Ficelle	
	Bol	
	Bâton	
	Poche d'encre	
	Crochet	
	Chair putréfiée	

Il est également judicieux de s'éloigner de son premier abri pour trouver et récupérer certaines ressources. Notamment la **canne à sucre** : cela vous permettra de **fabriquer le papier** qui vous servira à la fois pour la cartographie (que nous verrons en détail plus loin dans ce livre), et également dans la création de livres et de bibliothèques, deux autres éléments essentiels pour enchanter vos objets. L'**enchantement** est une composante importante pour améliorer votre capacité

Vous vous y connaissez ?

En enchantement d'objet ? Si ce n'est pas le cas, apprenez que cela vous sera très utile pour booster les effets de vos outils, armes ou pièces d'armures. Pour parvenir à enchanter vos objets, vous allez devoir créer une table d'enchantement. Enchanter un objet vous coûtera à la fois de l'expérience et des lapis-lazuli. Le dernier niveau d'enchantement est le plus fort, mais vous ne saurez pas à l'avance l'effet qui sera obtenu. Entourer la table de bibliothèques permet d'augmenter la puissance des enchantements.

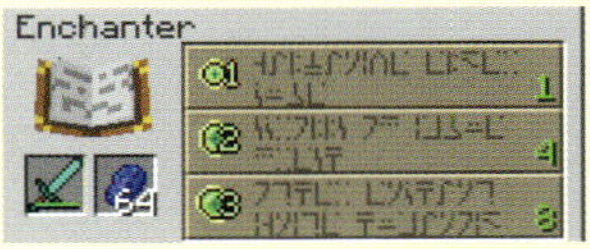

de survie et de minage. Créer la table d'enchantement requiert des diamants, un livre et des blocs d'obsidiennes. L'obsidienne s'obtient en versant de l'eau sur de la lave. Le seul moyen d'extraire ensuite un bloc d'obsidienne est d'utiliser une pioche en diamant.

En plus de la table d'enchantement, il est recommandé de créer une enclume. Cet objet vous permet de **réparer vos objets** ou pièces d'équipement (en utilisant les matériaux qui ont servi à le concevoir et de l'expérience). Ainsi, pour réparer une épée en diamant, il faudra utiliser un ou plu-

Créer un livre enchanté

Le principe est simple. Créez un livre et placez-le sur la table d'enchantement. Vous pouvez combiner deux livres possédant le même enchantement dans l'enclume afin d'en augmenter la puissance. Ces livres peuvent également être pêchés ou trouvés dans des coffres de donjons, mines ou forteresses.

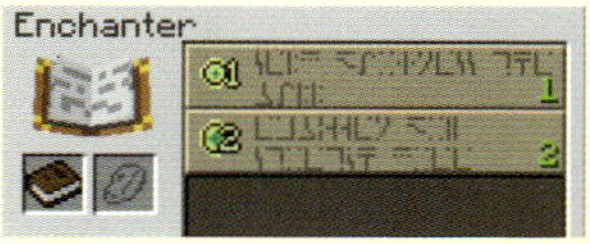

Cumuler des enchantements

L'enclume vous permet de combiner deux objets enchantés et d'en récupérer un nouveau, qui conserve les enchantements de chaque objet. C'est également en utilisant l'enclume que vous pourrez augmenter le niveau de vos enchantements (deux épées Tranchant III permettent d'obtenir une épée Tranchant IV). Comme la réparation d'objets, cumuler des enchantements coûte également des niveaux d'expérience. Certains objets ne peuvent recevoir d'enchantements via la table d'enchantement, mais à l'aide de l'enclume et de livres enchantés, c'est possible.

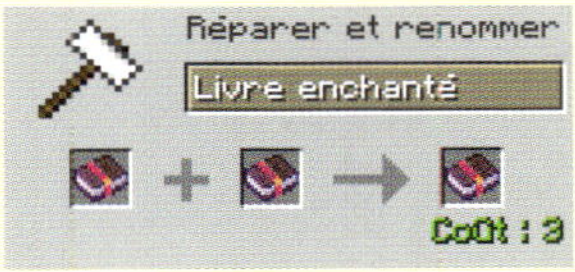

sieurs diamants pour effectuer la réparation. L'enclume permet également d'appliquer des enchantements à certains objets qui ne pourraient l'être autrement, voire même de cumuler des enchantements (à condition que les objets soient de la même matière).

Enchantement d'armures

Enchantement			Niveau max	Effet
Protection			IV	Réduit les dégâts reçus en combat
Protection contre le feu			IV	Réduit les dégâts de feu
Protection contre les explosions			IV	Réduit les dégâts d'explosions (creepers, TNT)
Protection contre projectiles			IV	Réduit les dégâts de projectiles (flèches, boules de feu, etc.)
Chute amortie			IV	Réduit les dégâts de chute
Apnée			III	Augmente la visibilité et la durée de l'apnée (+15 secondes)
Affinité aquatique			I	Supprime le ralentissement du minage sous l'eau

Épines			III	Les attaquants subissent des dégâts en vous touchant
Marche en profondeur			III	Augmente la vitesse de déplacement sous l'eau

Enchantement d'armes

Enchantement			Niveau max	Effet
Tranchant			V	Augmente les dégâts infligés
Châtiment			V	Augmente les dégâts sur les zombies, cochon-zombies, squelettes, wither squelettes et withers
Fléau des arthropodes			V	Augmente les dégâts infligés aux araignées, araignées bleues et poissons d'argent
Recul			II	Augmente le recul de la cible lorsque vous la frappez

Aura de Feu			II	Enflamme la cible et permet de récupérer des aliments cuits après la mort de l'animal
Butin			III	Augmente les chances de récupérer des objets rares et les ressources normalement lâchées par la cible
Puissance			V	Augmente les dégâts infligés par les flèches (jusqu'à +150% au niveau V)
Frappe			II	Augmente le recul de la cible lorsqu'elle est frappée par une flèche
Flamme			I	Enflamme la cible touchée par une flèche (permet d'allumer un bloc de TNT à distance)
Infinité			I	Permet de ne pas consommer les flèches

Enchantement d'outils

Enchantement			Niveau max	Effet
Efficacité			V	Augmente la vitesse de minage (près de 4 fois plus au niveau V)
Toucher de soie			I	Permet de récupérer des blocs qui normalement se détruisent (verre, glace, bloc de glowstone)
Solidité			III	Augmente la durabilité de l'objet
Fortune			III	Augmente les ressources récoltées en minant

Chance de la mer			III	Diminue les chances de récupérer des déchets et augmente les chances d'attraper des trésors
Appât			III	Augmente les chances d'attraper du poisson et diminue le temps de prise ainsi que les chances d'attraper des déchets et des trésors

Recette d'enchanteur

Objet	Matériaux	Positionnement
Livre	1 cuir + 3 feuilles de papier	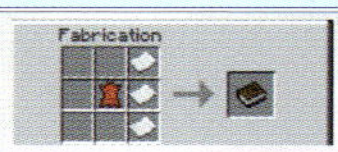
Table d'enchantement	2 diamants + 1 livre + 3 blocs obsidiennes	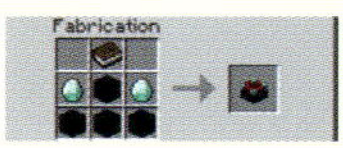
Bibliothèque	6 planches + 3 livres	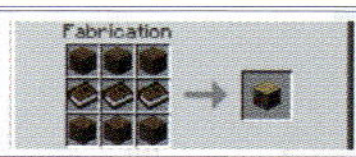
Enclume	3 blocs de fer + 4 lingots de fer	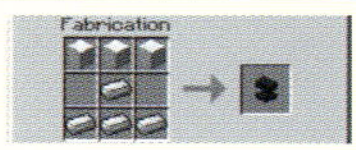
Bloc de fer	9 lingots de fer	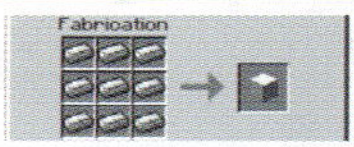

La surface du monde n'est pas peuplée que de monstres la nuit et de petites poules la journée. En explorant, vous pourrez découvrir la présence de **villages**. Leur taille peut varier mais ces villages sont souvent constitués de plusieurs maisons, d'un clocher et de... villageois, bien sûr ! Il est possible d'interagir avec eux. En fonction de leur métier et en échange d'émeraudes, vous pourrez acheter des objets ou troquer certaines de vos ressources contre des émeraudes. Lorsque la nuit tombe, les monstres qui apparaissent peuvent attaquer les villages. Vous pouvez rester pour les protéger ou créer des

Le bon coin

Chaque villageois débloque une nouvelle offre (palier) en achat et vente lorsque vous commercez avec lui. Au bout d'une ou plusieurs transactions, vous verrez le villageois entouré de petites particules. Cela signifie qu'à la prochaine transaction, vous aurez plus de choix en vente et en achat.

Les sièges

Pour repousser au mieux les attaques de nuit, il est judicieux de créer des golems de fer pour protéger les villageois. Pour cela, il faut placer 5 blocs de fer en T puis une citrouille (à placer en dernier). Il peut arriver qu'un villageois attaqué par un zombie se transforme en zombie à son tour. Pour les guérir, il faut utiliser une potion de faiblesse volatile (nécessite d'avoir récupéré des matériaux dans le Nether) et lui donner une pomme dorée.

golems qui s'en chargeront (parfois, des golems sont déjà présents si le village compte plus de 10 villageois et 21 portes en bois). Construire d'autres maisons vous permet d'augmenter la population d'un village (à condition d'utiliser des portes en bois, les villageois ne savent pas ouvrir les portes en fer...). Il peut être judicieux de construire votre abri dans un village afin de bénéficier de leurs récoltes (ils replantent régulièrement). Lorsque vous vous installez dans un village, prenez soin de créer une enceinte extérieure afin de ralentir la progression des monstres la nuit, ou de les empêcher totalement d'atteindre les villageois.

Les villageois

Les **fermiers** portent une robe marron et peuvent appartenir à 4 catégories de professions différentes.

Fermier	Achète		Vend	
Palier	Objet		Objet	
1		1	 x4	1
1		1		
1		1		
2		1	 x3	1
3		1	 x7	1
4			 x10	1
4				1

Pêcheur	Achète		Vend	
Palier	Objet		Objet	
1		1	x6	1 (ou 6 poissons)
1		1		
2			enchantée	7-8

Berger	Achète		Vend	
Palier	Objet		Objet	
1		1		3-4
2				1-2

Archer	Achète		Vend	
Palier	Objet		Objet	
1		1	x12	1
2				3
2			x10	1 (ou 10 graviers)

Si vous cultivez de la canne à sucre, le **bibliothécaire** peut vous acheter le papier contre des émeraudes. Le prix des livres enchantés dépend de la puissance de l'enchantement.

Bibliothécaire	Achète		Vend	
Palier	Objet		Objet	
1	 x36	1		 + 5 ou+
2	 x10	1		10
2				4
3		1		10
3				1
4				 +5 ou+
5				 +5 ou+
6				20

La présence des **prêtres** est intéressante. Ils vous achètent la viande putréfiée de zombie contre des émeraudes et vous permettent d'acquérir l'objet perle du Néant sans avoir à combattre les Enderman, plutôt rares à la surface.

Prêtre	Achète		Vend	
Palier	Objet		Objet	
1	x40	1		
1	x10	1		
2			x4	1
2			x2	1
3			x11	1
3			x3	1
4			x11	1

Les **forgerons** peuvent appartenir à 3 corps de métiers différents et sont intéressants également pour récupérer des émeraudes, qu'ils vous échangent contre du charbon, ressource plutôt commune.

Armurier	Achète		Vend	
Palier	Objet		Objet	
1	x24	1		6
2	x9	1		14
3	x4	1	enchanté	19
4				7
4				11
4				7
4				15

Fabricant d'armes	Achète		Vend	
Palier	Objet		Objet	
1	x24	1		8
2	x9	1	enchantée	10
3	x4	1	enchantée	15
3			enchantée	12

Fabricant d'outils	Achète		Vend	
Palier	Objet		Objet	
1	x24	1	enchantée	7
2	x9	1	enchantée	11
3	x4	1	enchantée	15

Le **boucher** peut appartenir à 2 corps de métiers différents. Le **tanneur** est le plus intéressant car il peut vous vendre des selles. Le boucher achète également du charbon contre des émeraudes.

Boucher	Achète		Vend	
Palier	Objet		Objet	
1	 x18	1		
1	 x18	1		
2	 x24	1	 x7	1
2			 x8	1

Tanneur	Achète		Vend	
Palier	Objet		Objet	
1	 x12	1		4
2			 enchantée	12
3				10

Les **temples**, **pyramides** et **forteresses** évoqués au début de ce livre sont plus complexes à trouver et vous demanderont sans doute de longues séances d'explorations. Les temples de la jungle et les pyramides sont deux bâtiments qui cachent des coffres, mais leurs accès sont piégés. Dans les **temples**, il vous faut désactiver un piège à base de fil et de distributeur qui active le lancement de flèches (ou être équipé de plusieurs pièces d'armures pour ne pas trop souffrir des blessures). Concernant les **pyramides**, la salle des coffres se trouve facilement en cassant le bloc bleu dans la salle centrale. Cassez également un des blocs adjacents : si vous tombiez depuis le bloc central, vous activeriez les charges de TNT qui protègent la salle en tombant sur une plaque de détection. Cassez ensuite le bloc de détection et servez-vous.

Coffre des pyramides

Objets	Quantité	% d'apparition
Os	1-5	74 %
Diamant	1-3	35 %
Chair putréfiée	3-10	74 %
Lingot d'or	1-10	35 %
Lingot de fer	1-10	35 %
Émeraude	1-3	27 %
Livre enchanté	1-3	27 %
Selle	1-5	47 %
Armure en fer pour cheval	1-3	35 %
Armure en or pour cheval	1-2	27 %
Armure en diamant pour cheval	1	18 %

La **forteresse** est un labyrinthe souterrain imposant qui comporte de nombreuses salles (cellules, entrepôts, bibliothèques) dont une salle équipée d'un portail de l'air. Ce portail permet d'aller dans le monde de l'Ender où vous pourrez affronter l'Enderdragon. Il s'agit d'une créature puissante, n'espérez pas en venir à bout si vous n'êtes pas correctement équipé. Une technique consiste à poser un lit à côté du portail de l'air, afin de pouvoir retourner plus rapidement affronter ce dragon.

Tout comme dans les temples et les pyramides, les coffres qu'on peut y trouver sont susceptibles de contenir des livres enchantés, des armures pour chevaux, mais également des perles du Néant (utilisées pour activer le portail de l'air).

Trouver une forteresse

Vous pouvez compter sur votre bonne étoile pour creuser dans votre monde, jusqu'à trouver l'entrée d'une forteresse, mais il est plus conseillé (et plus rapide) d'utiliser un œil d'Ender. L'œil d'Ender se craft à l'aide d'une perle du Néant et d'un bâton de blaze. La perle peut être récupérée en tuant un Enderman (ils peuvent apparaître dans l'univers la nuit ou dans des zones très peu éclairées). Le bâton de blaze, lui, se récupère en tuant un blaze, créature que l'on trouve dans le Nether. Une fois l'œil d'Ender créé, il faut le jeter et suivre sa direction. L'œil tombe au bout d'un certain temps, il faut donc répéter l'opération jusqu'à ce qu'il change de direction après un lancer.

La cartographie

L'univers de Minecraft est immense et il est très facile de s'y perdre. Vous pouvez faire comme le Petit Poucet pour marquer votre progression mais heureusement, il existe d'autres méthodes, un peu plus efficaces.

Dans un premier temps, lorsque vous décidez de vous éloigner de votre premier abri, mieux vaut suivre une direction et une seule (nord, sud, est ou ouest). Il sera plus simple de revenir sur vos pas. Pour vous repérer, tant que vous n'avez pas de boussole, utilisez la position du soleil (ou celle de la lune la nuit). Il existe plusieurs méthodes pour **marquer votre passage** et revenir facilement sur vos pas. Retenez surtout que l'utilisation de **torches** est courante. L'éclairage qu'elles apportent la nuit en fait un outil très pratique. De plus, les torches et la lumière qu'elles dégagent empêchent les monstres d'apparaître. Pour marquer votre passage, vous pouvez par exemple construire des petites tours en haut des collines, et placer au sol des blocs

Au clair de lune

Dans l'univers de Minecraft, la Lune se lève à l'est et se couche à l'ouest. Si vous prévoyez de voyager de nuit, vous pouvez conserver vos repères si vous n'avez pas de boussole sur vous. Et si le temps est mauvais, vous pouvez vous fier à la direction des nuages, ils vont toujours dans le même sens (l'ouest) ! La Lune possède différentes phases. Lorsqu'elle est pleine, les monstres peuvent apparaître en plus grand nombre.

perpendiculaires (des lignes de sables sur un sol d'herbe, des pierres grises dans le désert, etc.). Tous les moyens sont bons pour que vous puissiez facilement reconnaître les lieux que vous avez déjà traversés. N'hésitez pas à passer un peu de temps pour le faire, il n'y a rien de plus désagréable que de ne pas retrouver le chemin vers un abri dans lequel vous avez commencé à entreposer vos trouvailles dans un coffre.

Au fur et à mesure que vous vous serez familiarisé avec votre environnement, vous allez commencer à tenter des explorations plus lointaines. Notamment pour rechercher de nouveaux biomes, et pourquoi pas un temple ou une pyramide. C'est là que la cartographie intervient. La création de carte nécessite une boussole ainsi que 8 feuilles de papier. Lorsque vous **créez une carte**, elle reste vierge jusqu'à ce que vous l'activiez (clic droit). La topographie du terrain ne se dessine que lorsque vous portez la carte.

Modifier l'échelle d'une carte

Pour obtenir une carte plus grande, il faut utiliser la carte dont vous souhaitez changer l'échelle et 8 papiers. Si vous vous sentez l'âme d'un explorateur, il va falloir que vous cultiviez de la canne à sucre afin de vous créer un stock important de papier.

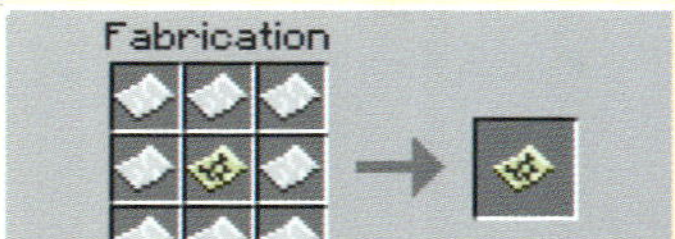

Recettes pour cartographes

Objet	Matériaux	Positionnement
Papier	3 cannes à sucre	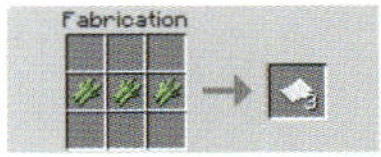
Boussole	4 lingots de fer + 1 redstone	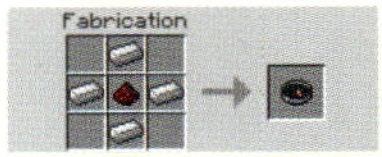
Carte	8 papiers + 1 boussole	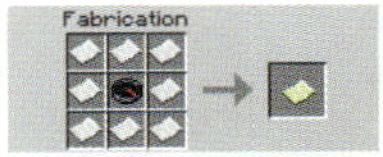
Cadre	8 bâtons + 1 cuir	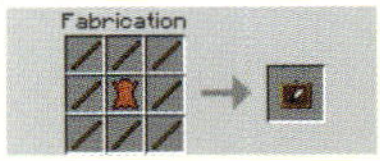

Lorsque vous créez une carte, elle permet de cartographier 128 x 128 blocs autour de vous. Il est possible de **changer l'échelle d'une carte** 4 fois afin d'agrandir la zone cartographiée sur une même carte (jusqu'à 2048 x 2048

blocs). Lorsque vous utilisez la carte, vous pouvez voir un curseur blanc qui indique votre position ainsi que la direction vers laquelle vous regardez. Ce curseur se change en point blanc dès que vous sortez de la zone cartographiée, et ce que vous explorez n'est alors plus indiqué sur la carte.

Avec de l'expérience, vous allez certainement vous retrouver avec un grand nombre de cartes dans vos coffres ou vos poches. En explorateur organisé, vous pouvez utiliser l'enclume pour renommer chacune de vos cartes. En utilisant les coordonnées du centre de la carte, par exemple

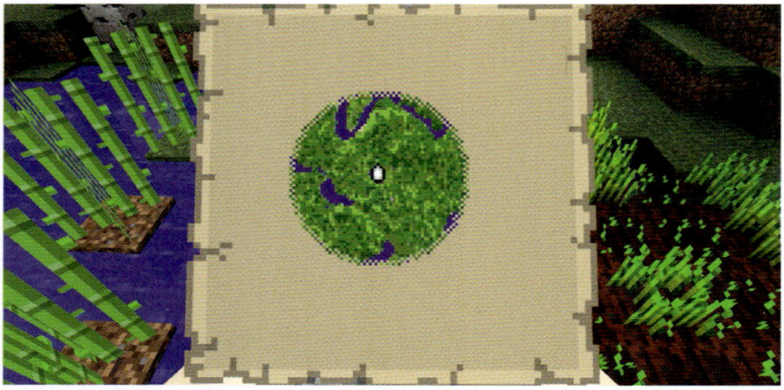

Copier une carte

Pour obtenir une copie d'une de vos cartes, il faut simplement utiliser une carte vierge et une carte activée dans votre établi. Cette copie peut ensuite être échangée avec d'autres (si vous jouez sur un serveur).

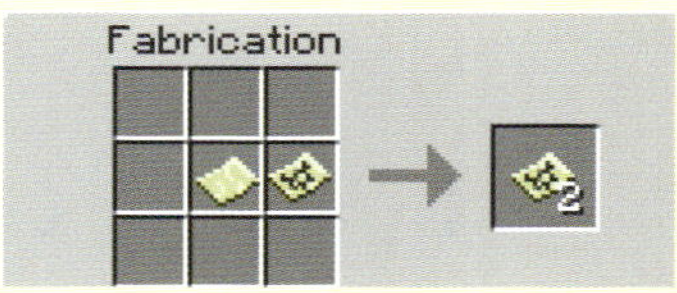

Les différentes échelles

Niveau d'échelle	Zone géographique couverte
	128 x 128 blocs
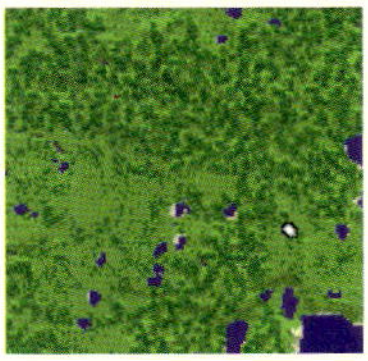	256 x 256 blocs
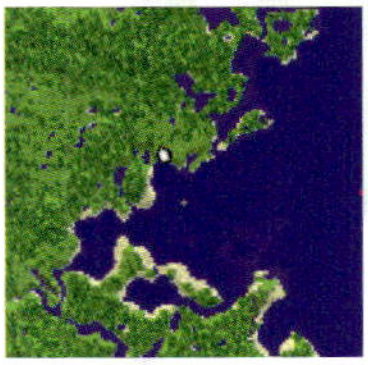	512 x 512 blocs
	1024 x 1024 blocs
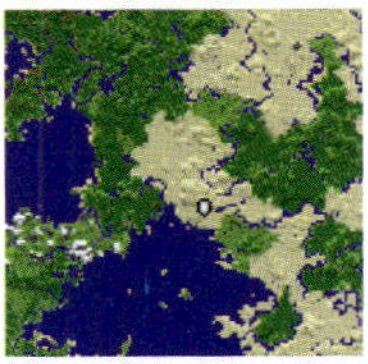	2048 x 2048 blocs

(sortez votre carte, allez au centre et appuyez sur F3 pour obtenir les coordonnées X et Z), ou simplement en utilisant les points cardinaux (carte nord 1, carte nord 2, etc.). Ensuite, pour avoir une vue d'ensemble, il est bon de créer un endroit où vous allez pouvoir afficher vos cartes et les assembler.

Si vous souhaitez faire un **assemblage de cartes**, n'oubliez pas de créer plusieurs cartes vierges et d'en activer une nouvelle uniquement lorsque vous êtes sorti des bords de la première (le curseur se change en point blanc). Pour afficher les cartes sur un mur, il vous suffit de créer des cadres que vous poserez au mur. Ensuite, faites un clic droit avec la carte portée sur le cadre pour la placer. Ensuite, à vous de jouer au puzzle avec toutes les cartes que vous aurez créées.

Un peu de rangement

Le cadre peut contenir n'importe quel objet et vous pouvez en changer l'orientation à l'aide d'un clic gauche. Si vous utilisez le clic droit sur un cadre, vous en ferez sortir l'objet. C'est un objet beaucoup utilisé au-dessus des coffres, par exemple pour symboliser leur contenu (minerais, armes, armures,...). Vous verrez, vous aurez vite un nombre impressionnant d'objets !

Cartographier votre univers permet de mieux se rendre compte de la topographie, de voir plus précisément les différents biomes, de voir les cours d'eau, les océans, les lacs de lave, les forêts et les plaines.

En activant une carte dans le Nether ou l'Ender, vous pourrez également cartographier ces univers parallèles. Ces cartes affichent cependant moins d'informations et peuvent servir à explorer des zones que vous n'avez pas encore découvertes.

Chapitre 5

Y a plus de saisons !

Dans Minecraft, il n'y a ni hiver, ni printemps ! Pas de saison, mais des environnements qui les rappellent. Ces environnements sont appelés biomes et conditionnent la topographie de l'univers, ainsi que les créatures ou les plantes que l'on peut y trouver.

Il existe **18 biomes** principaux différents dans l'univers de Minecraft. Ajoutez à cela de nombreuses variations qui permettent de délimiter en douceur chaque environnement (plages de glace, rivières, etc.). C'est tout cela qui rend l'univers crédible. Chaque biome possède un type de blocs prédominant (sable, pierre, terre, etc.) et également une flore et une faune spécifiques. Ainsi, certains types d'animaux n'évoluent que dans les forêts ou dans les jungles. Pour savoir dans quel biome vous vous trouvez, appuyez sur F3. Parmi toutes les informations affichées, le nom du biome apparaît également (en anglais).

Les biomes océan et océan profond sont, comme leur nom l'indique, constitués d'eau. Pour y évoluer, le

mieux est de construire une barque. C'est dans ces biomes que vous pourrez trouver des temples engloutis. Il n'est pas simple d'explorer les fonds marins, à moins d'avoir un équipement adéquat (casque avec enchantement, couplé à des potions de respirations). Ne vous y risquez pas tout de suite !

Des collines, peu d'arbres, des lacs et des villages. **Les biomes plaine** sont idéaux pour s'installer. Vous y rencontrerez souvent des cochons et des vaches. C'est également dans ce type de biome que vous pourrez croiser des chevaux.

Les créatures de l'océan

Type de créature	Comportement	Butin
Pieuvre 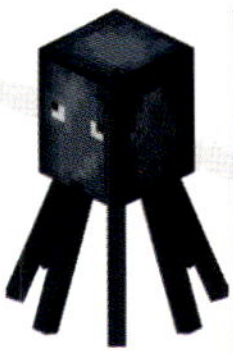	Inoffensif	
Gardien 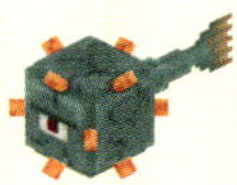	Agressif	
Ancien Gardien 	Agressif	

Les **biomes désert** sont constitués de sable essentiellement. Vous n'y trouverez que peu de végétation, mis à part des cactus et éventuellement de la canne à sucre à proximité de l'eau. Là encore, des villages peuvent se former. En explorant les déserts, vous pourrez découvrir une **pyramide**. Notez également qu'il ne pleut jamais dans le désert !

Les créatures des plaines

Type de créature	Comportement	Butin
Vache	Inoffensif	
Mouton	Inoffensif	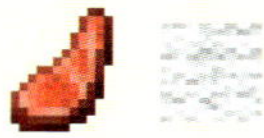
Cochon	Inoffensif	
Poule	Inoffensif	
Lapin	Inoffensif	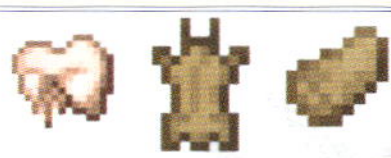

Si vous êtes amateur d'escalade et de beaux panoramas, les **biomes collines extrêmes** vont certainement vous plaire. De hautes montagnes s'y forment et vous y trouverez de nombreuses grottes naturelles, des cascades d'eau. Prenez garde à ne pas rater une marche pendant l'exploration de ce genre de biome, les chutes ne pardonnent pas.

Vous vous sentez l'âme d'un bûcheron ? Les **biomes forêt** sont faits pour vous, c'est pas le bouleau qui manque (mais on trouve aussi d'autres types d'arbres).

Aïe ! Aïe ! Aïe !

Le monde entier de Minecraft n'est pas un cactus, mais vous en trouverez de nombreux dans le désert. Cette plante peut servir à fabriquer de la teinture verte en la plaçant dans un four. Le cactus peut blesser les créatures qui le touchent et ne peut être brûlé.

Attention, car les biomes forêt peuvent se trouver proches de forêts couvertes ; la luminosité pouvant être faible en journée, vous pourriez y croiser des squelettes. C'est également dans ce type de biome qu'on rencontre les loups.

La **taïga froide** est un biome qui mêle forêt et montagne. C'est un environnement situé en altitude qui peut contenir des lacs gelés. On peut y trouver des loups en plus grand nombre que dans les forêts. Il s'agit d'une variation du biome taïga sans neige, qui possède des caractéristiques similaires.

Les biomes **plaine de glace** ressemblent aux plaines classiques, à la différence qu'ils sont situés en altitude. La survie y est un peu plus dif-

Loup y es-tu ?

Le loup est une créature neutre qui peut être apprivoisée. Pour y parvenir, il faut utiliser un ou plusieurs os jusqu'à ce que de petits cœurs apparaissent. Le loup apprivoisé possède un petit collier autour du cou. L'orientation de sa queue permet de comprendre le niveau de santé de votre animal. Vous pouvez le nourrir avec de la viande crue ou cuite. Le loup vous suit absolument partout et vous protège en cas d'attaque. Vous pouvez en apprivoiser plusieurs.

ficile que dans les plaines, et les animaux y sont plus rares.

Les marais sont des biomes assez recherchés pour leur argile et la canne à sucre, qu'on peut facilement trouver. Attention cependant, ces biomes sont aussi le repaire des sorcières et des slimes. Les amateurs de champignons seront également heureux d'aller faire leur cueillette ici.

Plus rare à dénicher, **le biome champignon**. Vous y trouverez de nombreux champignons géants (aussi grands que des arbres). C'est dans ce biome que vous pourrez rencontrer les fameux champimeuh, ces vaches étranges qui produisent de la soupe au champignon... Le sol est souvent composé de mycélium, qui peut être récupéré avec l'enchantement "délicatesse". Il peut servir pour faire pousser des champignons géants.

Les créatures des marais

Types de créatures	Comportement	Butin
Sorcière	Agressif	
Slime	Agressif	

La jungle est un biome recherché par les explorateurs pour ses temples, ses fèves de cacao ainsi que pour ses lianes qui peuvent servir d'échelles. En explorant la jungle, vous pourrez également découvrir les ocelots, des félins que vous pourrez tenter d'apprivoiser.

La savane est un biome plutôt plat. Comme dans le désert, il ne pleut jamais dans la savane. Des citrouilles y poussent et vous pourrez parfois y trouver des chevaux et également des villages.

Le champimeuh

Le champimeuh est une vache sur laquelle se trouvent des champignons rouges. Si un champimeuh est tondu à l'aide d'une cisaille, vous récupérez les champignons, et le champimeuh se transforme en vache. À l'aide d'un bol en bois, vous pourrez récupérer du ragoût de champignon sur un champimeuh (clic droit) et du lait avec un seau.

Chat & chocolat

L'ocelot est un animal très craintif. Pour l'apprivoiser, vous devez vous munir de poisson cru et vous en approcher en étant accroupi (déplacez-vous en maintenant la touche shift appuyée). Lorsque l'animal s'approche, ne bougez pas et attendez. Un ocelot apprivoisé devient chat. Avoir des chats autour de votre abri permet d'éloigner les creepers. Cependant, attention, si vous avez un poulailler mal fermé, le chat peut aller manger des poules.

Le **mésa** est un biome qui lui aussi ressemble beaucoup au désert. Il n'y pleut jamais et on y rencontre différents types d'argile et de sable.

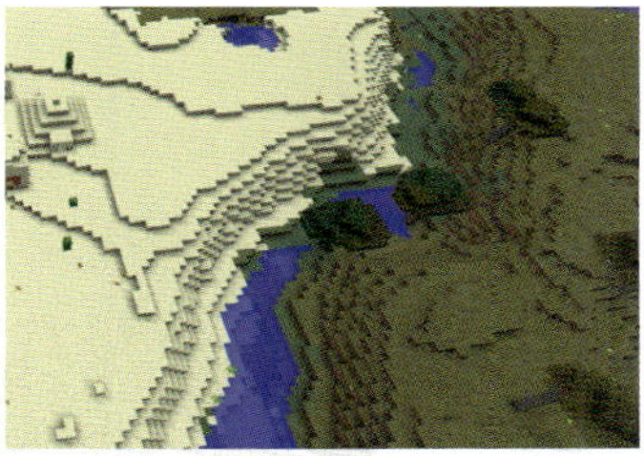

Voyager plus vite

Vous en avez assez de parcourir l'univers de Minecraft à pied ? Qu'à cela ne tienne, certains animaux peuvent vous servir de monture. Et pour les plus ingénieux, il est même possible de créer un véritable réseau ferré pour vous déplacer en wagonnet, ou utiliser les portails du Nether !

Si vous êtes pressé, vous utilisez sans doute à outrance la course. L'inconvénient principal de la course à pied, c'est l'énergie que vous dépensez en nourriture. Heureusement, vous pouvez **utiliser des animaux** dans un premier temps pour couvrir une distance plus grande sans vous épuiser. Avant de pouvoir le faire, il faut cependant **trouver une selle**. La selle est un des rares objets que vous ne pouvez fabriquer vous-même. Les moyens pour en récupérer sont néanmoins variés. Si vous avez découvert un village où vit un tanneur, vous pourrez échanger une selle contre une dizaine d'émeraudes. Les explorateurs partiront à la recherche de donjons souterrains (la probabilité de trouver une selle dans un coffre est de 80 %) ou de pyramides

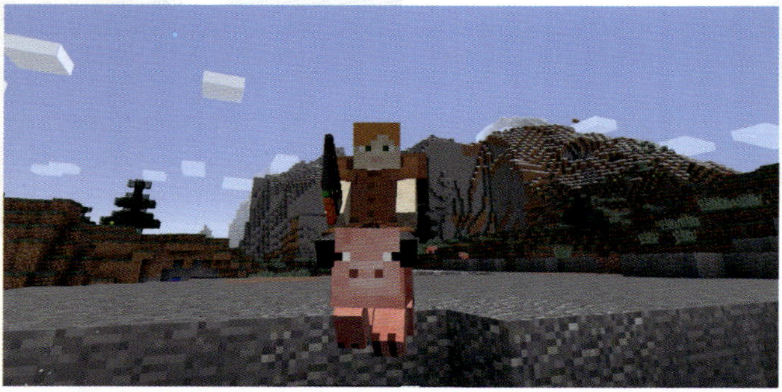

La carotte

Dans de très rares cas, les zombies peuvent lâcher une carotte comme récompense lorsque vous les éliminez. Le moyen le plus simple pour en récupérer reste tout de même de trouver un village. Les villageois cultivent souvent des pommes de terre et des carottes. Vous n'aurez qu'à vous baisser pour en ramasser.

(40 % de chances de trouver une selle dans un des coffres).

Dès lors que vous êtes en possession d'une ou plusieurs selles, vous allez pouvoir vous mettre en quête de votre première **monture**. Au départ, la plus simple à trouver, c'est le cochon ! Mais avant de vous précipiter sur le premier cochon venu et de le seller, il vous faut créer une canne à pêche et y accrocher une carotte.

Le cheval est un moyen de transport plus rapide que le cochon (et un peu plus prestigieux). En rencontrant un cheval sauvage, vous pourrez monter dessus, mais pas le diriger tant que vous ne l'aurez pas apprivoisé. La première étape est déjà d'en trouver. Pour cela, il faut aller dans les biomes

plaines ou savane. Ensuite, il suffit de s'approcher de la monture à main nue, et de la monter (clic droit). Le cheval se déplace alors et au bout de quelques secondes, vous éjecte. Recom-

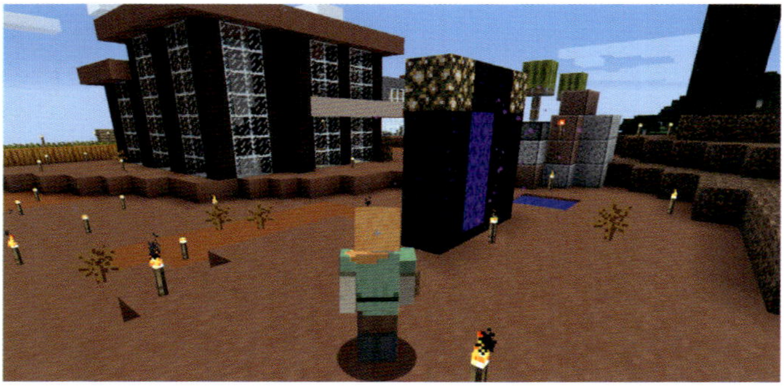

Aliments pour chevaux

Aliment	Domptage	Soigne	Effet
Sucre	+3 %	1 cœur	
Blé	+3 %	2 cœurs	
Pomme	+3 %	3 cœurs	
Carotte dorée	+5 %	4 cœurs	Active mode amour
Pain	+3 %	7 cœurs	
Pomme dorée	+10 %	10 cœurs	Active mode amour
Bloc de paille	-	20 cœurs	

Ânes et mules

Les ânes sont beaucoup plus rares à trouver (10 % de chances d'apparaître). Vous pourrez placer sur leur dos un coffre et ainsi augmenter votre capacité d'inventaire. La mule ne s'obtient qu'en croisant un âne et un cheval. Comme l'âne, on peut l'équiper d'un coffre.

mencez l'opération jusqu'à ce que de petits cœurs apparaissent, signe que l'animal vous accepte. Vous pouvez accélérer le processus de domptage en lui donnant à manger. Le cheval se déplace plus rapidement que le cochon (étonnant, non ?) et peut également sauter plus haut que les autres animaux. Plus vous maintenez la touche de saut longtemps, plus votre saut sera ample. Attention à votre tête, quand même !

Vous aimez l'air marin ? Vous recherchez un temple englouti ? La pêche au large est votre passion ? Il est temps de **construire votre barque** et d'aller naviguer ! Le bateau est un moyen de transport peu coûteux (5 planches de bois suffisent) et qui peut

vous amener loin. Attention aux chocs, le **bateau** n'est **pas** un transport **très solide**. S'il heurte plusieurs obstacles, vous pourriez vous retrouver à prendre un bain forcé.

Les wagonnets

Objet	Matériaux	Positionnement
Wagonnet	 x5	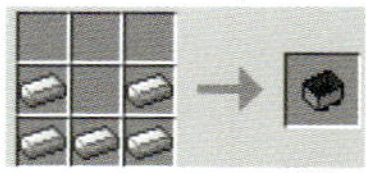
Wagonnet de stockage		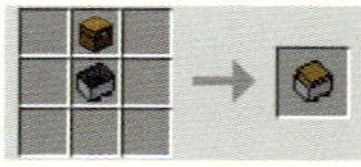
Wagonnet motorisé		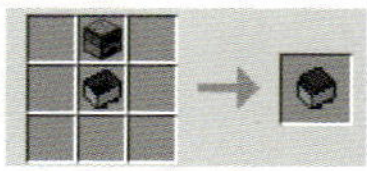
Wagonnet explosif		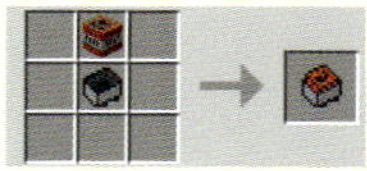
Wagonnet aspirateur		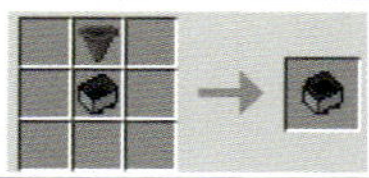

Création d'un canal

Pour voyager d'un point à un autre, vous pouvez construire votre propre canal. Moins coûteux en ressources que de créer un réseau ferré, cette solution peut vous faire traverser de longues distances de manière plaisante. Munissez-vous de seaux d'eau, afin de remplir vos tranchées et ensuite, posez votre barque. Vous pouvez par exemple créer un réseau de canaux pour rejoindre un village, ou une mine éloignée que vous explorez.

Il est tout à fait possible de créer également un **réseau ferré** complexe pour le transport. Quelques lingots de fer suffisent pour créer un wagonnet. Ces derniers peuvent ensuite être modifiés. Ainsi, il est possible de poser un coffre, un four, un bloc de TNT ou un entonnoir sur un wagonnet. Pour qu'il soit utilisable, il faut également créer des rails. Enfin, à l'aide de poudre de redstone, il est possible de créer des systèmes de propulsion, capables de vous transporter sur de longues distances.

Chapitre 6

Un des moyens les plus simples de créer un train est de fabriquer un wagonnet motorisé, et d'ajouter d'autres types de wagonnets (wagonnets de stockage par exemple). En créant ensuite un réseau de rails, vous pourrez

Rails & redstone

Objet	Matériaux	Positionnement
Rail de détection	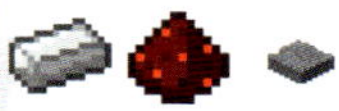	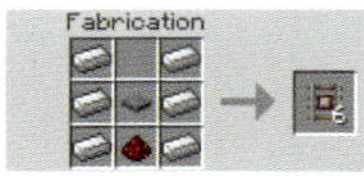
Plaque de détection en pierre		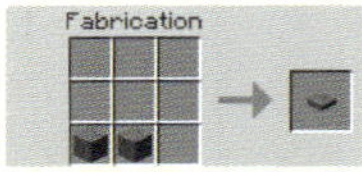
Rail de propulsion		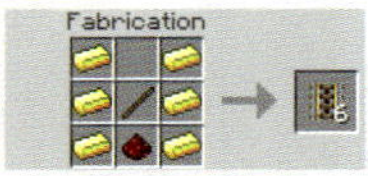
Rail déclencheur		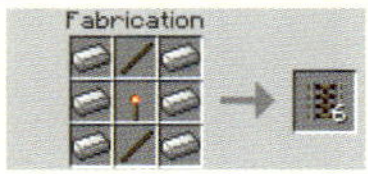
Torche de redstone		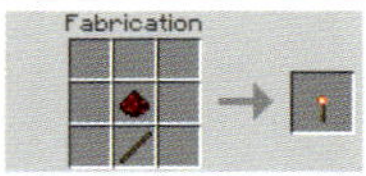

Mines abandonnées

De même que vous trouverez des rails dans les mines abandonnées, vous pourrez également récupérer des wagonnets laissés à l'abandon. Parfois même avec des coffres. N'oubliez pas de récupérer le maximum de matériaux dans les mines si vous prévoyez de créer un petit réseau de transport ferré.

ainsi transporter des matériaux issus d'une mine vers un abri. Créer un stock de 16 rails nécessite 6 lingots de fer et un bâton, mais vous pouvez également en trouver de nombreux si vous découvrez une **mine abandonnée**. C'est un bon moyen pour vous constituer un grand stock de rails à moindre coût.

En utilisant de la poudre de redstone, il est possible de **créer différents types de rails**. L'un des plus utilisés est le rail de propulsion qui permet d'accélérer la vitesse

Création d'un petit train

À l'aide du wagonnet motorisé, vous pouvez créer un petit train en ajoutant devant d'autres wagonnets (vides pour monter dedans, contenant un coffre). Il vous suffit ensuite d'activer le wagonnet à l'aide de charbon (clic droit sur le wagonnet motorisé). Ce dernier avance alors tout seul et poussera les autres wagonnets. La durée de fonctionnement d'un wagonnet motorisé est d'environ 4 minutes.

d'un wagon (ou de l'arrêter si le rail n'est pas activé en énergie redstone). Avec ce type de rail, vous pourrez ainsi gagner du temps ou garder une vitesse constante si vous devez monter une pente. Vous pouvez vous amuser à tester toutes sortes de combinaisons en mode créatif afin de bien comprendre les mécanismes et le fonctionnement des rails, avant de les appliquer au mode survie.

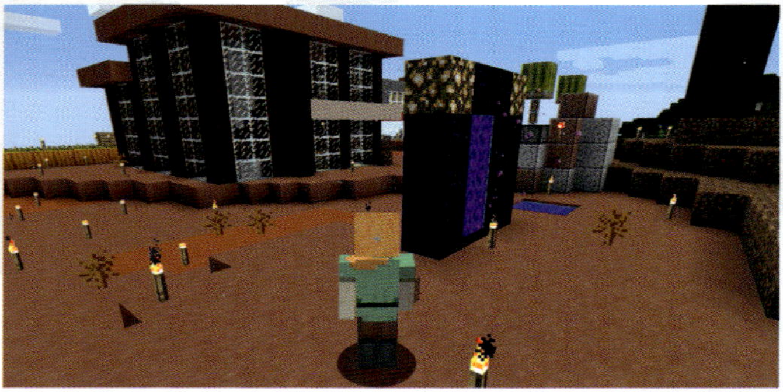

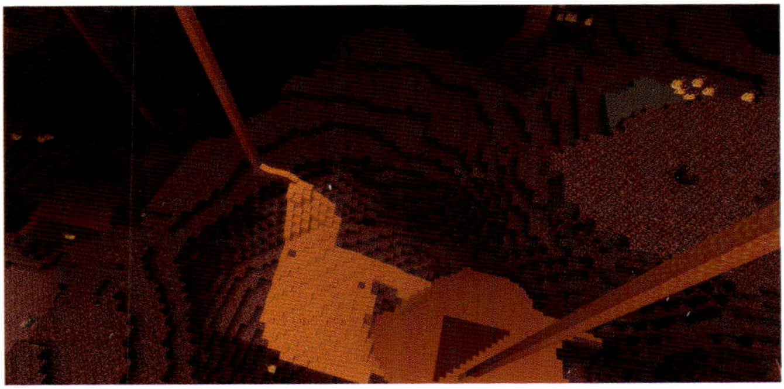

Le comportement des rails est soumis à quelques règles qu'il faut connaître. Par exemple, dans le cas où vous créez une intersection de rails sans virage, le wagonnet prendra toujours naturellement la direction du sud ou de l'est.

Pour changer une intersection, il faut utiliser de la poudre de redstone reliée à un interrupteur qui pourra modifier la position d'un rail.

Une autre possibilité pour voyager loin et rapidement

Rail de propulsion

Lorsqu'un wagonnet passe sur un rail de propulsion alimenté (rouge vif), il accélère sa vitesse (8 blocs par seconde). Cependant, le wagonnet décélère au bout d'un certain temps. Pour conserver une vitesse constante sur une longue distance, il faut placer un rail de propulsion tous les 7 blocs. N'oubliez pas qu'il faut que ce dernier soit alimenté. S'il est éteint, il stoppe le wagonnet. Vous pouvez vous servir de ces rails non alimentés pour arrêter un wagonnet à un endroit précis.

est de **passer par le Nether.** Lorsque vous vous déplacez d'un bloc dans ce monde parallèle, cela équivaut à 8 blocs dans le monde de Minecraft. En créant des portails à l'intérieur du Nether, vous pouvez donc vous déplacer sur de très grandes distances à la surface. Si vous souhaitez lier vos portails de la surface à ceux du Nether, assurez-vous de diviser par 8 les coordonnées de votre portail posé à la surface et, une fois dans le Nether, de construire le portail à ces coordonnées.

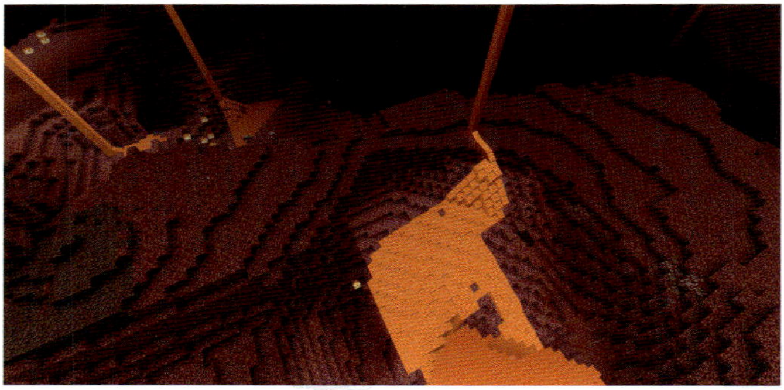

Portail du Nether

Pour créer un portail du Nether, il faut de l'obsidienne et un silex pour l'activer. L'obsidienne se fabrique en versant de l'eau sur de la lave. Il faut ensuite impérativement posséder une pioche en diamant, seul matériau capable de briser la roche et de la récupérer. Il faut compter une dizaine de secondes pour miner un bloc d'obsidienne avec la pioche.

Aucun **creeper** n'a été blessé pendant la rédaction de ce livre. D'ailleurs, vous l'aurez remarqué, on n'en parle même pas ! Comme disait un célèbre moustachu : "Laissez-les vivre !" (Félix - 1982). Cette page est dédiée à ces petites choses vertes incomprises et méprisées par de trop nombreux joueurs de Minecraft.

Merci à tout ceux qui ont permis à ce petit livre d'exister et pensées spéciales pour Ana, Tom, Axel, Richard, Bubu, Émilie, Anne-Marie, Matt Murdock, Jonathan et Cyrille-Gambas.